Made in the USA
Monee, IL
18 April 2022

94949956R00068